Da Abundância
De Amigos

O livro é a porta que se abre para a realização do homem.

JAIR LOT VIEIRA

Plutarco

Da Abundância de Amigos

Tradução, introdução e notas

Maria Aparecida de Oliveira Silva
Graduada em História. Mestre em História Econômica
e Doutora em História Social (USP)
Pós-Doutora em Estudos Literários (UNESP)
Pós-Doutora em Letras Clássicas (USP)

DA ABUNDÂNCIA DE AMIGOS
PLUTARCO
TRADUÇÃO, INTRODUÇÃO E NOTAS: MARIA APARECIDA DE OLIVEIRA SILVA

1ª Edição 2016

© desta tradução: *Edipro Edições Profissionais Ltda.* – CNPJ nº 47.640.982/0001-40

Todos os direitos reservados. Nenhuma parte deste livro poderá ser reproduzida ou transmitida de qualquer forma ou por quaisquer meios, eletrônicos ou mecânicos, incluindo fotocópia, gravação ou qualquer sistema de armazenamento e recuperação de informações, sem permissão por escrito do Editor.

Editores: Jair Lot Vieira e Maíra Lot Vieira Micales
Produção editorial: Fernanda Rizzo Sanchez
Revisão: Erika Horigoshi
Projeto gráfico e editoração eletrônica: Estúdio Design do Livro
Arte da capa: Estúdio Design do Livro

Dados Internacionais de Catalogação na Publicação (CIP)
(Câmara Brasileira do Livro, SP, Brasil)

Plutarco
 Da abundância de amigos / Plutarco ; tradução, introdução e notas Maria Aparecida de Oliveira Silva. – São Paulo : EDIPRO, 2016.

 Bibliografia.
 ISBN 978-85-7283-955-6

 1. Filosofia grega antiga I. Silva, Maria Aparecida de Oliveira. II. Título.

15-08831   CDD-180

Índices para catálogo sistemático:
1. Filosofia grega antiga 180

EDITORA AFILIADA

edições profissionais ltda.
São Paulo: Fone (11) 3107-4788 – Fax (11) 3107-0061
Bauru: Fone (14) 3234-4121 – Fax (14) 3234-4122
www.edipro.com.br

Sumário

Introdução, 7

Da abundância de amigos, 17

Notas, 41

Bibliografia, 91

Introdução

Em seu tratado Περὶ πολυφιλίας (*Perì polyphilías*), ou *Da abundância de amigos*[1], Plutarco desenvolve uma temática que não encontra paralelo em Platão[2], seu autor preferido, citado na maioria das reflexões apresentadas em seus escritos. Notamos, então, que, em lugar dos pensamentos expressos pelos filósofos da Academia[3], encontramos os do Liceu[4]. Portanto, este tratado traz uma forte influência da chamada Escola Peripatética[5]. O autor grego eleito por Plutarco é Aristóteles[6], que discute o tema da abundância de amigos em sua obra *Ética a Nicômaco*[7]. No entanto, Plutarco não se exime de fazer referência a Platão, como uma deferência, logo no início de seu tratado:

> A Mênon[8], o tessálio[9], que se considerava bastante exercitado nos discursos, e conforme o que foi dito por Empédocles[10], que
>
> *era assíduo nos cumes da sabedoria,*[11]
>
> perguntou a Sócrates[12] o que era a virtude[13]; quando Mênon ousada e facilmente respondeu que existia uma virtude própria de uma criança, outra peculiar de um velho, uma própria de um homem, outra peculiar de uma mulher, uma própria de um governante, outra peculiar de um particular, uma própria de um senhor e outra peculiar de um servo[14], e Sócrates disse: "Muito bem! Porque foste inquirido sobre uma única virtude e movimentaste um enxame de virtudes"[15], não conjecturando isso de modo negativo, já que o homem nomeou muitas porque não conhecia nenhuma[16] (*Da abundância de amigos*, 93A-B).

Desse modo, apesar de suas reflexões serem pautadas nas conclusões aristotélicas, Plutarco inicia o seu diálogo à maneira de Platão, com um colóquio, e ainda fazendo referências ao diálogo platônico *Mênon*. E, assim, ao estilo platônico, ele inicia seu tratado com a seguinte pergunta:

> Será, portanto, que alguém não poderia ridicularizar-nos porque jamais adquirimos firmemente uma única amizade, porque tememos, por precipitação, cair na abundância de amigos? (*Da abundância de amigos*, 93B-C).

E Plutarco argumentará, ao longo de seu tratado, que o desejo da abundância de amigos é contrário à obtenção de uma amizade sólida, embasada na convivência e na confiança mútua[17]. Não por acaso, nosso autor toma como exemplo os célebres pares de amigos formados por Teseu e Pirítoo, Aquiles e Pátroclo, Orestes e Pílades, Fíntias e Dâmon, Epaminondas e Pelópidas (93E), porque a capacidade de afeição entre os amigos é limitada, não é possível de ser compartilhada com muitos[18], mas apenas com um. No entendimento de Plutarco, que bebe nas águas de Aristóteles, a amizade ideal ocorre entre duas pessoas, embora seja possível a ampliação deste número, pois a preocupação maior de nosso autor é com a sua multiplicidade. Por essa razão, ele afirma:

> Ter uma amizade forte e ser querido como amigo não é possível que ocorra para muitos, mas, assim como os rios, quando têm muitas divisões e são entrecortados, correm sem força e estreitos, assim é por natureza ter uma amizade forte na alma que, ao ser dividida entre muitos, perde a sua força natural (*Da abundância de amigos*, 93F).

Quando se estabelece amizade com muitas pessoas ao mesmo tempo, o resultado disso é a constituição de amizades fugazes, que se constroem por meio de um interesse momentâneo, portanto, não são, de fato, verdadeiras amizades. A característica principal das amizades fugazes é a inconsistência demonstrada nos momentos em que as provas de amizade são cobradas, então percebemos que aqueles muitos amigos não estão verdadeiramente ao nosso lado. E Plutarco fornece diversos exemplos para reforçar esse argumento; o mais interessante deles é retirado de um episódio da peça *Medeia*, de Eurípides:

> Pois, como a Creonte[19], o ouro e o manto de sua filha não lhe foram proveitosos, mas o fogo inflamou-se subitamente, avançando sobre ele e, cercando-o, queimou-o e matou-o junto com ela, quando corria em sua direção para abraçá-la, do mesmo modo, alguns porque em nada desfrutam da boa sorte dos seus amigos, perecem junto com eles em seus infortúnios (*Da abundância de amigos*, 93C).

De onde depreendemos que, na visão de Plutarco, o verdadeiro amigo está presente e é participativo em qualquer circunstância[20]. A amizade verdadeira está embasada em princípios como a virtude, a intimidade e a utilidade, elementos que não encontram lugar na abundância de amigos, conforme lemos a seguir:

> Visto que a verdadeira amizade busca, sobretudo, três coisas: a virtude como algo belo, a intimidade como algo doce e a utilidade como algo necessário (pois devemos aceitar um amigo depois de avaliá-lo, ter alegria em sua companhia, ser-lhe útil quando necessita, e todas essas coisas são contrárias à abundância de amigos, e o mais importante é, sobretudo, o discernimento) (*Da abundância de amigos*, 94B).

Em primeiro lugar, Plutarco prescreve que devemos avaliar o caráter do nosso amigo, verificar se ele é um indivíduo virtuoso, que possui a virtude necessária para desenvolver uma relação de confiança. Em seguida, devemos ser íntimos de nossos amigos, fato que apenas acontece por meio de uma longa convivência, visto que a convivência desperta o afeto e a cumplicidade entre os que estabelecem esse tipo de relação. Por fim, por meio da virtude e da intimidade, devemos estabelecer com nossos amigos uma postura de ajuda recíproca, para ter no amigo um apoio, uma segurança não apenas material, mas também afetiva.

Em suma, é necessário ter como amigo apenas quem for digno de nossa amizade, por meio de uma vida com intimidade, inviável para quem almeja a abundância de amigos. Outro aspecto importante é que, quando temos muitos amigos, temos também a grande probabilidade de amealhar mais inimigos, pois, como Plutarco adverte: "Os que procuram um enxame de amigos não percebem que caíram em enxames de inimigos" (96B). Quando temos muitos amigos, são muitos os interesses e os desejos que se apresentam. Porque não somos capazes de atender a todos, apenas alguns, incorreremos em um erro grave, que despertará a inveja e a irritação daqueles que foram negligenciados e, consequentemente, a inimizade entre eles e de nós para com os outros, em um jogo de intrigas. Devemos ter em mente que amizade nasce pela afinidade de caráter e que isso não é comum a todos. Em vista disso, Plutarco conclui esse belíssimo tratado, afirmando:

> A amizade procura por um caráter estável, constante e imutável, que está em um único lugar e em uma única convivência; por isso, também o amigo constante é raro e difícil de ser encontrado (*Da abundância de amigos*, 97B).

Esta tradução de *Da abundância de amigos* teve como base o texto grego estabelecido em Plutarchus. *De amicorum multitudine. Moralia v. I.* In: PANTON, W. R.; WEGEHAUPT, I.; POLENZ, M. (Eds.). Leipzig: Teubner, 1993.

DA ABUNDÂNCIA
DE AMIGOS

1. A Mênon, o tessálio, que se considerava bastante exercitado nos discursos, e conforme o que foi dito por Empédocles, que

era assíduo nos cumes da sabedoria,

perguntou a Sócrates o que era a virtude; quando Mênon, ousada e facilmente, respondeu que existia uma virtude própria de uma criança, outra peculiar de um velho; uma própria de um homem, outra peculiar de uma mulher; uma própria de um governante, outra peculiar de um particular; uma própria de um senhor, outra peculiar de um servo, e Sócrates disse: "Muito bem! Porque foste inquirido sobre uma única virtude e movimentaste um enxame de virtudes," não conjecturando isso de modo negativo, já que o homem nomeou muitas porque não conhecia nenhuma. Será, portanto, que alguém não poderia nos ridicularizar porque jamais adquirimos firmemente uma única amizade, porque tememos, por precipitação, cair na abundância de amigos? Pois em quase nada nos diferenciamos de um homem mutilado e cego, que teme se tornar como Briareu[21], o que tem cem mãos, também como Argo[22], o que tudo vê. Contudo, vivamente elogiamos um jovem que, em uma comédia de Menandro[23], afirma quão admirável é considerar

um bem único,
quando se tem a sombra
de um amigo.[24]

2. Mas o nosso comportamento é o contrário entre a companhia de muitos outros: ficamos intensamente voltados para a obtenção de uma amizade. Certamente existe em nós o desejo da abundância de amigos, como de mulheres licenciosas, para sermos envolvidos muitas vezes e por muitas, visto que não somos capazes de conservar os primeiros amigos porque foram negligenciados e afastaram-se[25]; e, principalmente, como o pequeno senhor[26] de Hipsípile[27], quando estava sentado na campina e colhia

escolhendo uma atrás da outra,
à caça das flores, com alma alegre,
tendo a insaciável inocência,[28]

do mesmo modo, acontece com cada um de nós, por causa do amor pela novidade e porque atinge rapidamente a saciedade, também é sempre a mais recente dentre as flores que nos cativa e nos altera, ao mesmo tempo, porque muitos fazemos inícios imperfeitos de amizade e de relação de intimidade e, por amor ao que é perseguido, deixamos para trás o que foi conquistado[29].

93E · Em primeiro lugar, portanto, tal como por Héstia[30], começamos pelo relato de vida que nos foi deixado pelos amigos inabaláveis e devemos tomar como testemunho e conselheiro de nosso argumento a longa e antiga época em que falavam sobre alguns pares de amizade[31], de Teseu[32] e Pirítoo[33], Aquiles[34] e Pátroclo[35], Orestes[36] e Pílades[37], Fíntias[38] e Dâmon[39], Epaminondas[40] e Pelópidas[41]. A amizade é um animal que gosta de ter a companhia de outros, mas que não pertence a um rebanho nem se assemelha a uma gralha[42]; e pensar que o amigo é como outro ser em si mesmo e chamá-lo de "companheiro", como se fosse "outro", não é nada além de utilizar a díade[43] como medida da amizade. Pois não é possível comprar nem muitos escravos nem amigos com uma moeda pequena[44].

93F ·   O que é, portanto, a moeda da amizade? A benevolência e a graça[45] em companhia da virtude, a natureza não tem nada mais raro que elas. Por isso, ter uma amizade forte e ser querido como amigo não é possível que ocorra para muitos, mas, assim como os rios, quando têm muitas divisões e são entrecortados, correm sem força e estreitos, assim é, por natureza, ter uma amizade forte na alma que, ao ser dividida entre muitos, perde sua força natural. Também por isso, entre os animais, o amor à cria é mais forte entre os que

94A · geram um único filhote[46] de cada vez; também Homero chama de filho amado "o único, nascido de pais idosos"[47], isto é, que tem pais que não têm nem terão outro no futuro.

3. Entretanto, nós consideramos justo que o amigo seja único, mas, entre outros, que seja alguém "nascido de pais idosos" e gerado por último, aquele com quem repetidamente, no decorrer do tempo, comeu junto um médimo[48] de sal[49], não como agora, quando muitos sao chamados de amigos porque beberam juntos apenas uma vez, ou porque jogaram bola juntos ou os dados, ou porque passaram a noite juntos sob o mesmo teto, recolhendo a amizade do albergue, da palestra[50] e da ágora[51]. E nas casas dos ricos e dos governantes, quando veem uma aglomeração de pessoas e um alvoroço, quando estão se saudando, dando-se as mãos, cercados por lanceiros da sua guarda pessoal, consideram felizes os que têm abundância de amigos. No entanto, veem mais moscas nas cozinhas deles. Mas nem essas, pela sua guloseima, nem aqueles, se sua utilidade for deixada para trás, permanecem na casa. Visto que a verdadeira amizade busca, sobretudo, três coisas: a virtude como algo belo, a intimidade como algo doce e a utilidade como algo necessário (pois devemos aceitar um amigo depois de avaliá-lo, ter alegria em sua companhia, ser-lhe útil quando necessita, que todas essas coisas são contrárias à abundância de amigos, e o mais importante é, sobretudo, o discernimento)⁵², portanto, devemos observar se ele é capaz de, em curto espaço de tempo, avaliar os dançarinos que irão compor o coro, os acrobatas que irão fazer suas acrobacias, os escravos domésticos que administrarão as nossas riquezas ou quem serão os pedagogos⁵³ dos nossos filhos; certamente, se algum dos nossos muitos amigos não se desnuda conosco para ir à luta, por toda sorte de acontecimento, cada um dos quais é o mesmo para si mesmo,

porque é feliz, posiciona-se de bom grado
em público, não se irrita com parte do quinhão
*reservado aos infelizes.*⁵⁴

Pois as naus não são arrastadas⁵⁵ contra tamanhas tempestades no mar, nem se colocam muros que circundam territórios, nem barreiras nos portos e nos enormes bancos de areia, esperando por perigos tão numerosos; dentre tantos, a amizade anuncia-se como um refúgio e um socorro, porque ela é classificada como correta e segura; mas dentre aqueles que são negligentes com ela, como moedas sem valor, que sem serem postos à prova,

Os que são privados delas se alegram,
enquanto os que as têm desejam fugir.[56]

Isso é difícil de suportar e não é fácil escapar, ou colocar de lado, uma amizade desagradável. Mas, assim como um alimento nocivo e nauseante, não é possível ser retido, sem que cause dores e produza efeitos negativos, nem ser expelido da mesma forma de como foi ingerido, mas com uma aparência horrível, desfigurada e estranha; assim, o amigo perverso ou apresenta-se causando dores e tratando-o de modo indigno, ou com violência, hostilidades e animosidades, assim como a bílis é expulsa.

4. Por isso, não devemos aceitar com facilidade, nem estar sempre junto aos homens que surgem ao acaso, nem sermos amigos daqueles que nos perseguem, mas procurar os que são dignos de nossa amizade. Pois não se deve escolher, em qualquer circunstância, o que é alcançado com facilidade. De fato, quando passamos por cima de uma herbácea[57] e de um espinheiro[58] que nos agarra e caminhamos, nós os repelimos em direção ao oliveiral e ao vinhedo. Do mesmo modo, não devemos sempre ter uma bela intimidade com aquele que nos abraça com facilidade, mas com aqueles que julgamos úteis e dignos de nosso zelo.

5. Portanto, assim como Zêuxis[59], quando alguns acusavam-o porque ele pintava lentamente, ele disse: "Concordo que necessito de muito tempo para pintar, porque é para a eternidade,"[60] do mesmo modo que a amizade e a intimidade devem ser preservadas depois de terem sido postas à prova por muito tempo, porque já foram avaliadas. Portanto, não é fácil avaliar muitos amigos, mas, do mesmo modo, é fácil conviver com muitos, ou isso também é impossível? Sem dúvida, a intimidade própria da amizade é o desfrute, e o que é mais doce está em conviver e em passar os dias juntos:

> *Pois, vivos, longe dos nossos queridos companheiros, não nos sentaremos para tomar nossas decisões.*[61]

95A · E Menelau[62] disse a respeito de Odisseu[63]:

> *Nenhuma outra coisa poderia separar nossa amizade e deleite, até quando formos envoltos pela nuvem negra da morte.*[64]

Portanto, a chamada abundância de amigos atua de modo contrário a isso. Pois a amizade reúne, une e associa, consolidando as companhias e as disposições amigáveis,

*como quando o sumo de
figo⁶⁵ fez coalhar e adensar
o leite branco,*⁶⁶

95B · segundo Empédocles (pois a amizade deseja realizar unidade e conexão dessa natureza), mas a abundância de amigos gera divergências, causa separações e provoca aversões; porque mandar chamar um e fazê-lo retornar e uma outra vez outro não permite a união nem a ligação pela benevolência nascida na convivência íntima que se dissemina entre os amigos e que a torna consistente. E isto imediatamente provoca tanto a inconstância com relação aos favores prestados como a suspeita; pois as coisas mais úteis da amizade tornam-se também as mais inúteis por causa da abundância de amigos.

*Pois a preocupação de diferentes
homens desperta um tipo diferente
de comportamento.*⁶⁷

Pois nem as nossas naturezas estão inclinadas para as mesmas coisas que os nossos impulsos, nem sempre convivemos com sortes semelhantes⁶⁸; e os momentos oportunos das nossas ações, como os ventos, são proveitosos para uns e vão em direções contrárias para outros.

6. Em verdade, se todos os nossos amigos necessitam, a um só tempo, das mesmas coisas⁶⁹, é difícil ajudar a todos, ou nas ocasiões em que deliberam algo, ou administram os assuntos políticos, ou procuram competir na obtenção de honras, ou recebem-nos como hóspedes. Mas, se, em um único momento, encontramo-nos por acaso envolvidos em diferentes assuntos e experiências sensoriais, e os nossos amigos chamam-

-nos, ao mesmo tempo, para seu socorro; um, porque está indo fazer uma viagem marítima, chama-nos para viajar com ele para o exterior; outro, porque está em meio a um julgamento, chama-nos para participar de sua defesa; outro, porque está julgando um processo, chama-nos para participar do julgamento; outro, porque está vendendo ou comprando algo, chama-nos para participar de sua administração; outro, porque está indo casar-se, chama-nos para participar das cerimônias sacrificiais; outro, porque está realizando um funeral, chama-nos para participar de seu luto,

e a cidade está toda tomada de incensos,
E toda de peãs[70] e de lamentos,[71]

95D · quando existe a abundância de amigos. É impossível estar ao lado de todos, e é um absurdo não estar ao lado de nenhum, também é aflitivo melindrar muitos porque ajudou apenas um;

> *pois ninguém que ama se vê*
> *descuidado com prazer.*⁷²

Na verdade, os homens suportam com mais gentileza os descuidos e os desleixos dos amigos e aceitam sem ressentimento desculpas vindas dos amigos do tipo "esqueci-me" e "não sabia". Mas aquele que diz: "Não estive ao seu lado quando tinha o seu processo, pois estava ao lado de outro amigo", também: "Não fui encontrar-te quando estava em estado febril, pois estava ocupado com a organização de um festim com outros para alguns amigos", porque alega como o motivo do descuido o cuidado para com outros, não se livra da reprovação, mas ainda acrescenta o ciúme. No entanto, a maioria observa a abundância de amigos, como parece, somente pelo que essa abundância pode oferecer, mas é descuidada com as coisas exigidas em compensação, também não se lembra de que aquele que se serve de muitos para as muitas coisas de que necessita deve ajudar em troco aos muitos que necessitam dele. Portanto, tal como Briareu[73], que levava os alimentos com suas cem mãos para os seus 50 estômagos, nada podia mais do que nós, que, com duas mãos, levamos alimentos para um único estômago, do mesmo modo, no momento em que nos servimos de muitos amigos também existem muitos para servir, compartilhar suas ansiedades, participar de seus negócios e tomar parte de seus trabalhos. Pois não se deve acreditar em Eurípides[74], quando diz:

95F ·
> *É preciso que os mortais contraiam*
> *uns com os outros uma amizade moderada*
> *sem que atinjam o ponto mais íntimo da alma,*
> *e os encantos do coração fáceis de se livrar,*
> *tanto de repelir como de unir,*[75]

como as cordas de uma nau, estirando e recolhendo a amizade, de acordo com as necessidades. Mas isso, ó Eurípides, devemos trocar para os inimigos e pedimos que seja considerada a "moderação" nas divergências e "sem que atinjam o ponto mais íntimo da alma, e fáceis de se livrar" os ódios e as cóleras, também as lamentações de nossa sorte e as suspeitas; mas exorta-nos mais aquele dito de Pitágoras[76]: "Que não dar sua mão direita a muitos"[77], isto é, não fazer muitos amigos, nem acolher com afeição uma amizade comum e vulgar, que vai contra uma única, qualquer que seja, porque entra com muitas experiências sensoriais, dentre as quais, compartilhar suas ansiedades, participar de seus negócios, tomar parte de seus trabalhos e compartilhar perigos, em muito insuportáveis aos que são nobres e livres. Esta é a verdade do sábio Quílon[78], que, depois que alguém afirmou que não tinha nenhum inimigo, ele disse: "Parece que tu não tens nenhum amigo".[79]

7. Pois as inimizades imediatamente perseguem as amizades e nelas se enlaçam, já que, na verdade, é

impossível não se unir a eles na prática da injustiça, nem ser igualmente desonrado, nem tornar-se inimigo junto com eles; pois os inimigos imediatamente suspeitam de seu amigo e o odeiam, enquanto os amigos frequentemente o invejam, ficam ciumentos e arrastam-no para longe. Portanto, tal como Timésio[80] recebeu um oráculo a respeito de sua colônia, que proferia as seguintes palavras:

*Teus enxames de abelhas
rapidamente serão de vespas.*[81]

Do mesmo modo, os que procuram um enxame de amigos não percebem que caíram em enxames de inimigos. Também que não tem o mesmo peso o ressentimento do inimigo e a graça[82] do amigo. Vê o que Alexandre[83] determinou que fosse feito aos amigos e familiares[84] de Filotas[85] e de Parmênion[86], o que Dionísio[87] aos de Díon[88], o que Nero[89] aos de Plauto[90],

Tibério[91] aos de Sejano[92], torturando-os e assassinando-os. Pois, como a Creonte, o ouro e o manto de sua filha não lhe foram proveitosos, mas o fogo inflamou-se subitamente, avançando sobre ele e cercando-o, queimou-o e matou-o junto com ela, quando corria em sua direção para abraçá-la[93], do mesmo modo, alguns porque em nada desfrutam da boa sorte dos seus amigos, perecem junto com eles em seus infortúnios. E isso é, sobretudo, o que Teseu disse quando foi castigado e aprisionado com Pirítoo, assim como o que os amantes da sabedoria e os que são graciosos como ele:

Está atrelado aos grilhões da honra,
não forjados com metal,[94]

96D · Na época da peste[95], Tucídides[96] conta[97] que, sobretudo, aqueles que reivindicavam a virtude para si morriam junto com os seus amigos acometidos pela peste; pois não poupavam a si mesmos para ir para junto daqueles que mereciam.

8. Por isso, não é tão conveniente negligenciar a virtude, unindo-se ora com uns, aliando-se ora com outros, mas guardarmos a mesma participação para os que são dignos delas, isto é, aos que nos tratam com a mesma afeição e que são capazes de compartilhá-la. De fato, esse é o maior obstáculo de todos para a abundância de amigos, porque a amizade tem sua origem por meio da semelhança. Pois, quando também os animais selvagens misturam-se com outros que são diferentes deles, impelidos pela força da necessidade, dobrando as patas e enraivecendo-se em fuga uns dos outros, mas aqueles com os quais convivem e que lhes são familiares compartilham dos mesmos sentimentos e misturam-se, aproximam-se com suavidade e benevolência para a sua associação. Como é possível nascer uma amizade entre diferentes de hábitos e sentimentos

distintos, se têm diferentes propósitos em suas vidas? Pois a harmonia das liras e das harpas é obtida pela distribuição proporcional dos sons contrários, dando origem à semelhança, de um modo e de outro, entre sons agudos e sons graves; mas na proporcionalidade desta concórdia da amizade e da harmonia não deve existir uma parte que seja diferente, nem anômala, nem 96F · desproporcional, mas com a igualdade de todos para estar de acordo, deliberar juntos, ter a mesma opinião e compartilhar os mesmos sentimentos, como se uma única alma fosse dividida em muitos corpos.

9. Portanto, quem é o homem tão perseverante, mutável e adaptável, de modo que assimile e que se molde a muitos, e não rir de Teógnis[98], quando aconselha:

> *Tem a inteligência do polvo multicor,*
> *que sobre uma pedra, à sua semelhança,*
> *tal mostra-se quando visto?*[99]

Na verdade, as mudanças do polvo não têm profundidade, mas originam-se na sua própria aparição[100], assumindo-as por associar a densidade à porosidade para as suas emanações; mas as amizades procuram assimilar o caráter, os sentimentos, os argumentos, as atividades e as decisões. Era a tarefa de um Proteu[101], que não tinha boa sorte nem era muito honrado[102], mas, por suas habilidade mágicas, metamorfoseava-se de uma forma para outra em um mesmo momento e por muitas vezes; em um momento, lendo como os estudiosos das palavras[103]; em outro, rolando junto na poeira com lutadores; em outro, caçando com os afeitos à caça de animais selvagens; em outro, embriagando-se com os grandes bebedores; em outro, ajudando na solicitação de votos em campanhas para os políticos, porque não tinha uma morada própria de seu caráter. E, como os físicos[104] dizem que a matéria é uma substância essencial sem forma e sem cor, que serve de fundamento e retorna para si mesma, umas vezes queima-se, outras vezes, liquefaz-se e, em um momento, volatiza-se e novamente solidifica-se, do mesmo modo, então, a abundância de amigos deverá servir de fundamento a uma alma de muitos sentimentos, comportamentos e fluida, que muda facilmente. Mas a amizade procura por um caráter estável, constante e imutável, que está em apenas um lugar e em apenas uma convivência; por isso também o amigo constante é raro e difícil de ser encontrado.

Notas

[1] Para Jiménez, *Da abundância de amigos, Como distinguir o bajulador do amigo, Como tirar proveito dos seus inimigos* (já publicados nesta Coleção Plutarco) e *Do amor aos irmãos* (o próximo a ser publicado com tradução, introdução e notas de Maria Aparecida de Oliveira Silva), nesta sequência reflexiva, formam uma tetralogia que reflete a concepção plutarquiana do que é a amizade. Consultar o artigo "La noción de amistad en el *adulatore et amico* de Plutarco". *Cuadernos de Filología Clásica. Estudios griegos indoeuropeus*, v. 11, 2001. p. 276.

[2] Filósofo grego, 429-347 a.C., Platão pertence a uma família aristocrática grega. Ilustre discípulo

de Sócrates, escritor do gênero dialógico pelo qual perpassam seus conceitos filosóficos de forma dialética. A filosofia de Platão tornou-se muito conhecida por meio desses diálogos em que apresenta discussões filosóficas com uma estrutura dramática, o que confere vivacidade à sua narrativa.

[3] Escola fundada por Platão em 384 a.C., em um bosque com 12 oliveiras dedicado à deusa Atena, que teria recebido o nome Academia. Este, por sua vez, homenageia o herói Academo, conhecido por ter ajudado os Dióscuros a resgatar sua irmã Helena, que havia sido raptada pelo herói Teseu e levada para Atenas. A Academia platônica persistiu até a época romana e foi fechada pelo imperador Justiniano em 529 d.C.

[4] Antigo ginásio perto de Atenas dedicado a Apolo Liceu, onde Aristóteles fundou sua escola em 355 a.C. O nome Liceu tornou-se uma referência ao pensamento aristotélico.

⁵ Nome pelo qual ficou conhecida a escola fundada por Aristóteles, daí seus discípulos serem conhecidos como peripatéticos. O termo grego περιπατητικός (*peripatētikós*), que dá nome ao filósofo peripatético, tem origem na palavra περίπατος (*perípatos*), que significa "idas e vindas", "caminhada", e este nome aplica-se aos discípulos de Aristóteles, pois o filósofo tinha o hábito de caminhar com seus alunos enquanto ensinava seus preceitos filosóficos.

⁶ Nascido na cidade de Estagira, 384-322 a.C., ainda na adolescência, foi para Atenas estudar na Academia, tendo Platão como mestre, com quem desenvolveu seu aprendizado por vinte anos. Embora tenha sido aluno de Platão, Aristóteles demonstra independência em suas ideias e até mesmo discordâncias quanto aos princípios filosóficos de seu mestre, o que podemos ver, por exemplo, em sua obra *A política*, em que critica diversas conclusões platônicas contidas no diálogo *A república*.

⁷ Para uma leitura mais aprofundada sobre a influência de Aristóteles e sua obra *Ética a Nicômaco* na

concepção plutarquiana de amizade, consultar: Roberto A. Míguel. "La Influencia de la Tradición Clásica en la Reflexión de Plutarco sobre la Amistad". In: JUFRESA, M.; MESTRE, F.; GÓMEZ, P.; GILABERT, P. (Eds.). *Plutarc a la seva época: paideia i societat (Actas del VIH Simposio Internacional de la Sociedad Española de Plutarquistas, Barcelona, 6-8 nov. 2003)*. Barcelona: Universitat de Barcelona, 2005. p. 187-190.

[8] Plutarco faz referência à personagem descrita por Platão, a quem o filósofo dedicou um tratado homônimo. Mênon era membro de uma família aristocrática da Tessália, com conhecimento aprofundado da arte retórica, conhecido por ser um grande sofista, um indivíduo que ensinava a arte retórica aos jovens aristocratas em troca de muito dinheiro. Plutarco refere-se ao episódio em que Platão, por meio de Sócrates, pergunta a Mênon o que é a virtude, então o sofista não se acanha e afirma que "não há embaraço em dizer o que é a virtude". (*Mênon*, 72a). Tradução de Edson Bini. In: PLATÃO. *Diálogos V. O banquete. Mênon (ou Da virtude). Timeu. Crítias.*

Tradução, textos complementares e notas de Edson Bini. São Paulo: Edipro, 2014.

[9] Natural da Tessália, região da Hélade limítrofe ao norte com a Macedônia. No período arcaico, a Tessália era conhecida como Eólia.

[10] Poeta e filósofo, 492-432 a.C., nascido na cidade de Ácragas ou Acragante, atual Agrigento, na Península Itálica. Descendente de família aristocrata da Sicília, Empédocles ficou conhecido por ter se recusado a ser rei, porque apoiava a democracia. Existem diversos fragmentos de dois livros seus: *Da natureza* e *Purificações*, ambos escritos em versos.

[11] Convém ressaltar a ironia plutarquiana ao citar essas palavras de Empédocles, para lembrar a ironia de Sócrates quando pergunta a Mênon sobre a definição de virtude. Portanto, Plutarco demonstra seu conhecimento da célebre ironia socrática, utilizando-a na construção do seu argumento para a escrita deste breve tratado. A citação plutarquiana, na verdade,

mostra-se como uma reverência ao seu mestre Platão, visto que Plutarco foi discípulo de Amônio de Lâmptra, um famoso mestre da doutrina platônica em Atenas. Tal influência pode ser notada em todos os tratados plutarquianos, cuja presença do pensamento platônico é uma constante, além de existir várias referências a Platão em sua extensa obra biográfica. Tal citação de Empédocles é parte do fr. 3 compilado por Diels *Die Fragmente der Vorsokratiker* I. Berlin: Weidmann, 1950. p. 309-311.

12 Filósofo ateniense, 469-399 a.C., que influenciou vários pensadores, sendo Platão o mais célebre deles. Sócrates é personagem de diversos diálogos platônicos, de onde conhecemos grande parte de seus pensamentos filosóficos e um pouco mais sobre sua vida. No entanto, ele não escreveu nenhuma obra sobre sua maiêutica, que deriva do verbo grego (μαιεύω) *maieúô* e significa "parir". Por esse motivo, a concepção socrática de que as ideias deveriam ser paridas no decorrer de um diálogo filosófico. Acusado de heresia e corrupção dos jovens, Sócrates foi preso e condenado a beber cicuta em 399 a.C.

Cicuta era uma erva venenosa que, após ser macerada, era dada aos condenados à morte em Atenas.

[13] Plutarco faz referência a essa parte do diálogo em que Platão, nas palavras de Sócrates, ironiza sua atitude: "Mas Mênon, pelos deuses, o que tu próprio pensas que é a virtude? Não te negues a se manifestar, de modo que eu possa concluir que incorri na mais afortunada das mentiras ao afirmar que nunca topei com alguém que soubesse [o que é a virtude], já que tu e Górgias mostram que sabem" (*Mênon*, 71d), tradução de Edson Bini. In: *op. cit.*

[14] Tal raciocínio do sofista é apresentado por Platão em *Mênon*, 71e.

[15] Plutarco refere-se ao parágrafo 72a. Este também é citado em seu tratado *Das virtudes morais*, 441A-B. Como depreendemos do próprio título do tratado plutarquiano, o tema central de suas reflexões é a natureza da virtude ética, que ele diferencia da virtude teórica, tendo como base a filosofia platônica,

em especial o diálogo *Mênon*. No entanto, é interessante destacar que Plutarco traça um histórico do conceito de virtude na filosofia, citando, por exemplo, Aríston de Quios, Zenão de Eleia e Crisipo.

[16] Pensamento que Plutarco tece também em *Das virtudes morais*, 441B.

[17] Os princípios anotados por Plutarco sobre a amizade estão muito bem analisados por David Konstan, em uma obra considerada basilar para o estudo do conceito de amizade na Antiguidade, a saber: David Konstan. *Friendship in the classical world*. Cambridge: Cambridge University Press, 1997.

[18] A preocupação de Plutarco com a quantidade de amigos conveniente a um indivíduo espelha uma realidade que permeia o mundo político, pois é neste campo que encontramos as relações estabelecidas por interesses momentâneos que as tornam fugazes. Nesse jogo de interesses, Plutarco ensina-nos a não ter um envolvimento imediato com aquele

que nos cerca e oferece-nos algo agradável (93F). Além deste escrito, o pensamento político de Plutarco está presente em muitos outros tratados, sobre isso, consultar: Gianfranco Mosconi. "Governare in Armonia: strutura e significato ideologico di un campo metaforico in Plutarco". In: CASTALDO, D.; RESANI, D.; TASSI, C. (a cura). *Il sapere musicale e i suoi contesti da Teofrasto a Claudio Tolemeo*. Ravenna: Longo Editore, 2009, p. 105-128.

19 O primeiro rei de Corinto, filho de Liceto. Creonte integra o mito de Jasão. Quando Medeia e Jasão são expulsos de Iolco, eles procuram refúgio em Corinto. O casal vive durante anos em Corinto em tranquilidade, mas, em dado momento, Creonte decide casar a filha Glauce, segundo outros, Creusa, com o herói Jasão. Para isso, o herói repudia Medeia, que se vinga da desfeita, oferecendo-lhe um vestido enfeitiçado, que a incendeia ao vesti-lo. Creonte também é consumido pelo fogo, ao tentar salvar a filha.

20 Sob essa perspectiva da amizade como relação de utilidade, de prestação de favores mútuos, consultar:

David Konstan. *Greek friendship*. The American Journal of Philology, v. 117, 1, 1996. p. 4.

[21] Nome de um dos Hecatonquiros, três gigantes que tinham 100 braços e 50 cabeças: Coto, Briareu e Giges. Homero faz referência a Briareu em *Ilíada*, I, 402-403: "E para o Olimpo muito amplo fizeste que viesse o Centímano,/ que pelos deuses é dito Briareu, mas Egeu pelos homens. Tradução de Carlos Alberto Nunes. In: HOMERO. *Ilíada*. São Paulo: Melhoramentos, 1960. Já Hesíodo relata a origem e a natureza dos Hecantonquiros: "Outros ainda da Terra e do Céu nasceram,/ três filhos enormes, violentos, não nomeáveis./ Cotos, Briareu e Giges, assombrosos filhos./ Deles, eram cem braços que saltavam dos ombros,/ improximáveis; cabeças de cada um cinquenta/ brotavam dos ombros, sobre os grossos membros./ Vigor sem limite, poderoso na enorme forma" (*Teogonia*, 147-153). Tradução de Jaa Torrano. In: HESÍODO. *Teogonia*: a origem dos deuses. Estudo e tradução de Jaa Torrano. 3. ed. São Paulo: Iluminuras, 1995.

[22] De acordo com Higino, *Fábulas*, 14, Argo era filho de Frixo e de Calcíope, bisneto de Argo, que era filho de Zeus e Níobe; seu bisavô detinha o poder sobre a península do Peloponeso. Como o bisavô, além de ser seu homônimo, Argo possuía uma força descomunal e era dotado de uma infinidade de olhos, conforme descreve Apolodoro, *Biblioteca*, II, 2.1. E Apolônio de Rodes, em versos da sua obra *Argonautas*, I, 324 relata que Argo foi o construtor da nau que levou o seu nome. Esta nau conduziu Jasão e seus argonautas pelos mares onde realizaram suas aventuras, sendo a busca pelo Velo de Ouro a mais famosa delas.

[23] Nascido em Atenas, 342-289 a.C., comediógrafo da chamada Comédia Nova, Menandro escreveu 108 peças, das quais somente oito chegaram aos nossos dias. Aristófanes de Bizâncio, 257-180 a.C., colocou-o em segundo lugar entre os poetas antigos, deixando-o atrás somente de Homero. Plutarco também exalta as qualidades de Menandro em seu tratado *Epítome da comparação de Aristófanes e Menandro*.

²⁴ Menandro, *Epiclero*, peça perdida. KOCK, Com. Att. Frag. III, fr. 554. Plutarco cita esse fragmento ainda em seu tratado *Do amor aos irmãos*, 479C. No entanto, existe uma pequena variante que altera sua tradução; lá, Plutarco grafa ἀγαθὸν ἕκαστος, ἂν ἔχῃ φίλου σκιάν; (*agathòn hékastos, àn ékhēi phílou skián;*), que traduzimos como: "Cada um [...] um bem, quando tem a sombra de um amigo?", enquanto aqui: ἀγαθὸν ἕκαστον, ἂν ἔχῃ φίλου σκιάν, (*agathòn hékaston, àn ékhēi phílou skián*), que traduzimos por: "Um bem único, quando se tem a sombra de um amigo".

²⁵ Notamos a semelhança da análise plutarquiana com o afirmado por Aristóteles em sua obra *Ética a Nicômaco*: "Não é possível ter muitas amizades com base na virtude e amigos que amemos por eles mesmos. Podemos nos dar por satisfeitos se encontrarmos alguns indivíduos com esse perfil" (1171a). Tradução de Edson Bini. In: ARISTÓTELES. *Ética a Nicômaco*. São Paulo, Edipro, 2014.

26 Trata-se de Ofeltes, também conhecido como Arquêmoro, filho de Licurgo, rei de Némea. Segundo a narrativa de Apolodoro, *Biblioteca*, I, 9, quando o adivinho tebano Anfiarau passava por Némea, com seus companheiros de expedição, encontrou Hipsípile no caminho e pediu-lhe que indicasse onde havia uma fonte para que matasse sua sede e a de seus companheiros. Na ocasião, a escrava era responsável pelo menino Ofeltes, e desrespeitando o oráculo, que dizia para Hipsípile jamais tirar o menino dos seus braços e colocá-lo na terra, ele o pôs no chão para dar passar-lhes as indicações; enquanto isso, uma serpente aproximou-se da criança e a sufocou.

27 Conforme o relato de Apolônio de Rodes, em sua obra *Argonautas*, I, 608 ss., filha de Toante e Mirina, pelo lado do pai, é neta de Dioniso e de Ariadne e, pelo lado da mãe, descendia de Creteu e Éolo. Toante era rei de Lemnos quando as mulheres da região decidiram matar todos os homens, mas Hipsípile salvou seu pai. Porque as Lêmnias tinham sido negligentes com o seu culto à deusa Afrodite, a

toda-poderosa lançou uma maldição para que todas exalassem um odor fétido, sendo Hipsípile declarada sua rainha. Depois de os Argonautas terem chegado em Lemnos, o herói Jasão teve um relacionamento amoroso com sua rainha e, logo depois de sua partida, as Lêmnias descobriram que a rainha havia salvado seu pai e a condenaram à morte. Hipsípile conseguiu fugir de Lemnos e foi raptada por piratas, que a venderam como escrava para Licurgo, rei de Némea, e então passou a servir à sua esposa, Eurídice, e a cuidar de seu filho Ofeltes.

[28] Plutarco grafa τὸ νήπιον ἄπληστον (*tò nḗpion áplēston*), que significa, literalmente: "a infantil insaciabilidade"; como τὸ νήπιον (*tò nḗpion*), que significa "ingênuo", associamos o termo à "inocência" por conferir uma sonoridade poética com ἄπληστον (*áplēston*), que significa "insaciável". Esse fragmento pertence a uma peça perdida de Eurípides intitulada *Hipsípile*, cujo verso se encontra compilado em NAUCK. *Trag. Graec. Frag.* fr. 754. Plutarco também registra esse fragmento em *Assuntos de banquetes*, 661E.

29 Interessante notar a influência aristotélica nas conclusões de Plutarco. Comparemos o dito pelo filósofo estagirita em sua obra *Ética a Nicômaco*: "É provável, portanto, não ser aconselhável procurar ter o máximo possível de amigos, mas apenas tantos quantos sejam suficientes para formar um círculo que permita a convivência. Com efeito, se afiguraria impossível ser profundamente amigo de muitos pela mesma razão que é impossível estar apaixonado por várias pessoas. O amor passional, com efeito, parece ser uma amizade superlativa ou excessiva e só pode ser sentido por uma única pessoa; do mesmo modo, uma amizade intensa somente é possível com poucas pessoas" (1171a). Tradução de Edson Bini. In: *op. cit.*

30 Filha de Crono e de Reia, Héstia é considerada a deusa do lar. Como personificação do lar, a deusa é vista como o princípio religioso da casa e da morada dos deuses. Não por acaso, havia o costume de colocar uma estátua de Héstia na entrada de cada casa, com sacrifícios e preces diárias à deusa protetora do lar, que era a primeira deusa a ser venerada logo ao amanhecer.

[31] Encontramos aqui outro ponto de contato com o pensamento de Aristóteles, o qual afirma, sobre a impossibilidade de termos muitos amigos: "Isso parece ser respaldado pelos fatos. Amizades entre camaradas são sempre compostas por poucos indivíduos e os famosos exemplos são de pares de amigos. Considera-se que pessoas de muitos amigos e que ingressam na familiaridade de todos eles não são amigos de ninguém", (*Ética a Nicômaco*, 1171a). Tradução de Edson Bini. In: *op. cit.*

[32] Filho de Egeu, rei de Atenas, e Etra, filha do rei de Trezena, uma cidade da península do Peloponeso. Quando completou 16 anos, Etra levou-o ao rochedo onde seu pai havia escondido a espada e as sandálias com as quais seria reconhecido como o filho do rei Egeu. Depois disso, Teseu partiu para a Ática, a fim de anunciar sua origem e declarar-se o herdeiro do trono de Atenas. Ao longo de sua viagem, Teseu combate contra vários monstros que habitavam no caminho para a cidade ática, aventuras que são narradas por Plutarco em *Vida de Teseu*. No entanto, ao chegar à cidade, Teseu encontra os

Palântidas que se proclamavam herdeiros do trono. Depois de vencê-los em uma sangrenta batalha, o herói é proclamado rei de Atenas e promove o chamado sinecismo, ou seja, a união das cidades áticas, dando origem à cidade de Atenas, conhecida no período clássico. Além disso, Teseu construiu os edifícios da Bulé, do Pritaneu, cunhou moedas, dividiu a sociedade em três classes, reorganizou os Jogos Ístmicos, conquistou a cidade de Mégara e erigiu uma estela que separava a Ática do Peloponeso. A amizade com Pirítoo nasceu na época de sua maturidade, quando este quis pôr à prova as habilidades de Teseu, mas, no momento do embate, conta-se que Pirítoo foi tomado por uma profunda admiração pelo herói, que lhe concedeu sua amizade. Pirítoo e Teseu viveram muitas aventuras juntos; o rapto de Helena foi uma das mais famosas delas.

[33] Natural da Tessália, filho de Zeus e de Día. Segundo o seu mito, Pirítoo ouvia as histórias dos feitos de Teseu com desconfiança. E ele resolveu colocar à prova a capacidade do herói, então começou roubando cabeças de gado dos rebanhos de Teseu em

Maratona. Quando Teseu foi tomar satisfação com Pirítoo sobre os roubos, ambos foram seduzidos pela beleza um do outro, e o jovem desistiu da luta, prometeu devolver os animais e ofereceu-se para ser escravo do herói. Por seu lado, Teseu perdoou o rapaz, recusou-se a escravizá-lo e ofereceu-lhe a sua amizade. Desde então, eles não se separaram mais e viveram juntos todas as aventuras da fase madura de Teseu, como o rapto de Helena de Esparta e a descida ao Hades para raptar Perséfone, quando Pirítoo terminou aprisionado nos ínferos e nunca mais retornou à luz do sol.

34 Filho de Peleu, rei da Ftia, e da deusa Tétis, filha de Oceano. Aquiles foi o principal herói da Guerra de Troia; sem ele, conforme um oráculo, não haveria a tomada dos muros troianos, pois ele estava destinado a nela morrer jovem em troca da glória eterna. A obra que eternizou a vida e os feitos desse herói foi a *Ilíada*, de Homero, na qual também o poeta canta a forte amizade do herói com Pátroclo, de quem foi instrutor.

35 Filho de Menécio e de Esténele, natural de Opunte, Pátroclo foi o melhor amigo de Aquiles. Na *Ilíada*, de Homero, a amizade deles se tornou um exemplo para os autores da Antiguidade. Morto por Heitor, que pensava tratar-se de Aquiles, pois, como Plutarco relata em seu tratado *Como distinguir o bajulador do amigo*: "Pátroclo apoderou-se das armas de Aquiles e conduziu seus cavalos para a batalha, somente não ousou tocar a lança, mas a manteve longe, assim é o bajulador que se disfarça e se imagina com os sinais e as credenciais dos amigos, mantendo longe somente a sua franqueza, como se carregasse a carga da amizade, *"pesada, grande e firme"* (54B). Tradução de Maria Aparecida de Oliveira Silva. In: PLUTARCO. *Como distinguir o bajulador do amigo*. São Paulo: Edipro, 2015.

36 Filho de Agamêmnon e de Clitemnestra, irmão de Ifigênia. Orestes é conhecido como o vingador da morte de seu pai, morto por sua mãe e seu amante Egisto, em seu retorno da Guerra de Troia. Por ser o filho e herdeiro de Agamêmnon, também era o alvo dos dois assassinos, mas foi salvo por sua irmã

Electra, que o levou ainda criança para a Fócide, onde foi criado por Estrófio, com seu filho Pílades. Anos mais tarde, quando Orestes retornou à sua pátria, acompanhado por Pílades, Electra arquitetou com o irmão a vingança pela morte do pai. O matricídio de Orestes é narrado por Sófocles em sua peça intitulada *Electra*; por Ésquilo, em sua peça intitulada *Eumênides*; e por Eurípides, em sua peça intitulada *Orestes*.

[37] Filho de Estrófio e de Anaxíbia, irmã de Agamêmnon. Pílades é primo-irmão de Orestes. Ambos cresceram juntos, no palácio de Estrófio, e foi Pílades quem aconselhou Orestes durante toda a execução do seu plano de vingança contra sua mãe Clitemnestra e seu enteado Egisto. A participação de Pílades também foi decisiva na viagem de Orestes a Táurica, e desposou sua irmã Electra. Sobre o uso do topônimo Táurica em vez de Táurida, transcrevemos a explicação dada por Prieto *et al*, no verbete correspondente em *Índices de nomes próprios gregos e latinos*: "Táurica: top. F. Inexacta a forma *Taúride*, decalque do fr. *Tauride*, e igualmente a var. *Táurida*.

Não se deve, portanto, dizer *Ifigênia em Táuride* (ou *Táurida*), como título de uma tragédia de Eurípides, mas *Ifigênia Táurica*, com o adjetivo toponímico em vez da construção locativa, à maneira do que fazem os classicistas italianos).

[38] Conta-se que Fíntias, um filósofo da Escola de Pitágoras, e Dâmon eram muito amigos. Quando Fíntias foi condenado à morte, pela acusação de conspiração contra Dionísio, tirano de Siracusa, Dâmon tomou seu lugar na prisão, para que Fíntias pudesse resolver algumas pendências antes de ser executado. Então, ao retornar para a prisão, foi flagrado pelo tirano, que ficou maravilhado com a amizade dos filósofos, e ordenou que ambos fossem libertados.

[39] Dâmon foi um filósofo pitagórico, século IV a.C., do qual não dispomos de mais informações, pois seu nome aparece associado ao de Fíntias, cujo episódio é narrado na nota anterior.

[40] General tebano, século IV a.C., conhecido por ter sido o primeiro a conseguir romper a barreira do

exército espartano e invadir Esparta durante a batalha ocorrida em Leuctros, em 371 a.C. Sobre Epaminondas, dispomos da biografia escrita por Cornélio Nepos; havia também uma escrita por Plutarco, que não chegou aos nossos dias.

[41] General tebano, século IV a.C., participou com Epaminondas de uma revolução contra o domínio espartano pela Liga Peloponésia imposta a Tebas, entre 379-378 a.C. Após sua vitória, Pelópidas foi eleito beotarca. No entanto, outro golpe liderado pelos espartanos derrubou seu governo e Pelópidas foi condenado ao exílio em 382 a.C. Lutou ao lado de Epaminondas contra os espartanos. Vitoriosos, seu amigo o suplantou em poder e fama em Tebas. Plutarco redigiu uma biografia na qual destaca as qualidades de Pelópidas e sua amizade com Epaminondas; consultar: Plutarco. *Vida de Pelópidas.*

[42] Plutarco refere-se ao hábito das gralhas de voar em bando.

[43] Isto é: o par.

⁴⁴ Plutarco retoma esse raciocínio em seu tratado destinado à discussão sobre quem é o bajulador e quem é o amigo, afirmando que: "Pois é difícil, nessa circunstância de necessidade dos amigos, a percepção de que não tem amigos, de que não tem como trocar um incerto e desonesto por um certo e honesto. Mas, tal como uma moeda, um amigo deve ser testado antes de que se tenha necessidade dele, para que não seja posto à prova sob necessidade. Pois não é para perceber depois de ter sido prejudicado, mas afim de que não seja prejudicado por ter tido a experiência e a compreensão de que seja um bajulador; a não ser que soframos o mesmo que aqueles que experimentam em si para colocar à prova os venenos mortais, destruindo e enfraquecendo a si próprios para alcançar esse julgamento. (*Como distinguir o bajulador do amigo*, 49D-E). Tradução de Maria Aparecida de Oliveira Silva. In: PLUTARCO. *Como distinguir o bajulador do amigo*. São Paulo: Edipro, 2015.

⁴⁵ Plutarco atribui à χάρις, *kháris*, isto é, à graça um elemento importante para a constituição de uma

relação de amizade. Convém notar que χάρις, *kháris*, ou a graça, não está circunscrita ao plano das amizades entre homens, mas também se manifesta na relação amorosa entre um homem e uma mulher. Sob essa perspectiva, ao tratar de uma relação conjugal, estabelecida entre o marido e a mulher, Plutarco afirma: "Mas com as mulheres, esposas legítimas, está o princípio dessa amizade, tal a comunhão dos grandes ritos. E o pouco prazer, vindo dela, faz desabrochar a cada dia a honra, a graça, o carinho um pelo outro e a confiança. *Diálogo do amor*, 769A. Tradução de Maria Aparecida de Oliveira Silva. Martin Claret, 2015.

46 Plutarco compara o amor dos animais ao dos humanos com diversos e interessantes exemplos de seu tratado *Do amor aos filhos*, já publicado nesta Coleção Plutarco. Consultar: Plutarco. *Do amor aos filhos*. Tradução, introdução e notas de Maria Aparecida de Oliveira Silva. São Paulo: Edipro, 2015.

47 HOMERO. *Ilíada*, IX, 382.

⁴⁸ O μέδιμνος (médimnos), isto é, o médimo é a medida usada para os sólidos; calcula-se que cada médimo seja equivalente a 30 e 40 quilos.

⁴⁹ Trata-se de uma frase proverbial, já citada por Plutarco em seu tratado *Do amor aos irmãos*, 482B. Tal provérbio é encontrado em Aristóteles: "Decerto topamos raramente com essas amizades, dada a escassez desses indivíduos. Que se acresça que demandam tempo e familiaridade; como diz o adágio, não se pode obter um conhecimento mútuo enquanto não se tiver comido o sal juntos; e assim não se pode admitir ter sido a amizade constituída e realmente alguém tornar-se amigo sem antes cada um fazer-se amável e digno da confiança do outro". (*Ética a Nicômaco*, 1156b). Tradução de Edson Bini. In: *op. cit.*

⁵⁰ Local para a prática da luta.

⁵¹ Praça principal de uma cidade helena, com construções públicas, templos e comércios, na qual eram

realizadas assembleias e debates entre os cidadãos, considerado um espaço de manifestação da cidadania.

[52] Convém ressaltar a influência do pensamento aristotélico nas conclusões de Plutarco, quando o filósofo estagirita afirma: "Assim, há três tipos de amizade, correspondendo numericamente às qualidades amáveis. Com efeito, um amor recíproco e reconhecido é capaz de se basear em cada uma das três qualidades; e entenda-se que os que se amam se querem bem com referência à qualidade que é o fundamento de seu amor. Assim, os que se amam com fundamento na utilidade não se amam por si mesmos, mas por conta de algum benefício que lhes possa advir um do outro. E algo análogo ocorre com aqueles que têm uma amizade baseada no prazer; com efeito, pessoas espirituosas não são admiradas pelo seu caráter, mas porque são agradáveis. É de se concluir que numa amizade cujo fundamento é a utilidade ou o prazer, o amor presente visa ao bem e ao prazer pessoais, não se cogitando aqui das pessoas amadas, mas da utilidade e do prazer que elas

propiciam. Não passa, portanto, de uma amizade incidental, uma vez que o amigo não é amado por ser o que é, mas pelo fato de proporcionar algum benefício ou prazer. (*Ética a Nicômaco*, 1156a). Tradução de Edson Bini. In: *op. cit.*

[53] O substantivo παιδαγωγός (*paidagōgós*) permite uma dupla interpretação, visto que pode significar "escravo que acompanha as crianças à escola", ou ainda "pedagogo", "mestre" e "preceptor".

[54] Versos de autoria desconhecida, cuja tragédia é igualmente desconhecida, compilados por Nauck, *Trag. Graec. Frag.*, fr. 366.

[55] As naus eram trazidas para a terra firme; quando havia a necessidade da navegação, os tripulantes arrastavam-nas até o mar.

[56] Sófocles, peça desconhecida, Nauck, *Trag. Graec. Frag.*, fr. 770. Plutarco cita esses versos também em outro tratado, com pequenas variações, enquanto,

neste tratado, grafa: οἱ μὲν ἐστερημένοι χαίρουσιν, οἱ δ' ἔχοντες εὔχονται φυγεῖν (*hoi mèn estepēménoi kaì khaírousin, hoi d' ékhontes eúkhontai phygeîn*), que traduzimos como: "*Os que são privados se alegram, enquanto os que têm desejam fugir*"; em outro, escreve: φίλων τοιούτων οἱ μὲν ἐστερημένοι χαίρουσιν, οἱ δ' ἔχοντες εὔχονται φυγεῖν (*phílōn toioútōn hoi mèn estepēménoi khaírousin, hoi d' ékhontes eúkhontai phygeîn*) que traduzimos como: "Os que são privados de tais amigos se alegram, os que têm desejam fugir". (*Diálogo do amor*, 768E). Assim, notamos que houve apenas uma pequena supressão do fragmento citado com relação ao constante em *Diálogo do amor*.

57 Em grego, é ἀπαρίνη (*aparínē*), que significa "amor-de-hortelão", uma planta nativa da Europa, que também é encontrada na América do Norte. O amor-de-hortelão é uma espécie de herbácea indesejável, muito invasiva, que nós chamamos de erva daninha, a qual tem como característica principal agarrar-se naquilo que a toca. Apesar dessas especificidades, a planta tem qualidades medicinais

importantes, como ser um eficiente sudorífico, ter qualidades diuréticas etc.

58 Plutarco desenvolve este mesmo raciocínio em seu tratado *Assuntos de banquete*, 709E.

59 Nascido em Heracleia, no sul da Península Itálica, Zêuxis foi um pintor cujas obras estão datadas entre 340 e 390 a.C. Não dispomos de dados sobre o ano do seu nascimento, apenas sabemos que foi para Atenas ainda jovem, em 430 ou 420 a.c., período em que pintou o célebre *Eros coroado em flores*. Em Atenas, Zêuxis conheceu Eurípides e foi com ele para o palácio do rei Arquelau da Macedônia, entre 409 e 397 a.C., para decorar o palácio, quando ainda o presenteou com uma pintura de Pan. Zêuxis tornou-se rico e famoso por sua técnica de pintura claro-escuro, sendo o primeiro a descobrir a relação entre as luzes e as sombras do corpo. Dentre as suas pinturas mais famosas, estão uma de Helena aparentemente nua – justamente por sua técnica claro-escuro, que gerava tal percepção visual – e a de uma família de centauros, cuja mãe estava amamentando o filho.

⁶⁰ Na sua biografia do político ateniense Péricles, Plutarco relata um episódio em que o pintor Agatarco elogiava a si mesmo por pintar rapidamente qualquer tipo de imagem e, em resposta, Zêuxis diz que, por sua vez, ele necessita de muito tempo. Plutarco emite o pensamento de que a habilidade e a pressa na pintura de obra não lhe proporcionava beleza e qualidade para resistir ao tempo. Consultar: *Vida de Péricles*, XIII, 4-5.

⁶¹ Homero, *Ilíada*, XXII, 77.

⁶² Rei de Esparta, irmão de Agamêmnon, rei de Argos, e marido de Helena.

⁶³ Filho de Laerte, rei de Ítaca, e Anticleia. Personagem homérica que participou da Guerra de Troia, destacada por sua prudência. Figura da *Ilíada* que tem seu retorno de Troia narrado por Homero na *Odisseia*, que trata de suas aventuras até alcançar Ítaca, voltar para os braços de sua esposa, Penélope, e rever seu filho Telêmaco.

64 Homero, *Odisseia*, IV, 179. Plutarco cita a primeira parte desse verso em seu tratado *Como distinguir o bajulador do amigo*, 54F, publicado nesta Coleção Plutarco. Consultar: Plutarco. *Como distinguir o bajulador do amigo*. Tradução, introdução e notas de Maria Aparecida de Oliveira Silva. São Paulo: Edipro, 2015.

65 O termo grego é ὀπός (*opós*), que significa, literalmente: "sumo da planta", mas, no caso da produção de coalhada, o termo assume o significado de "sumo leitoso da figueira", utilizado para talhar o leite, em razão de sua natureza ácida. Diante do exposto, optamos por traduzir o substantivo ὀπός (*opós*) como "sumo do figo".

66 Empédocles. Diels. *Die Fragmente der Vorsokratiker* I. Berlin: Weidmann, 1950. p. 239. Tal fragmento apresenta semelhança com o verso homérico contido na *Ilíada*, V, 902, de onde lemos: ὡς δ' ὅτ' ὀπὸς γάλα λευκὸν ἐπειγόμενος συνέπηξεν (*ōs d' hót' opòs gála leukòn epeigómenos sunépēxen*), que traduzimos: "Como quando o sumo do figo coagulando o leite

branco o fez coalhar" e, neste tratado, lemos: ὡς δ' ὅτ' ὀπὸς γάλα λευκὸν ἐγόμφωσεν καὶ ἔδησε (*ōs d' hót' opòs gála leukòn egómphōsen kaò édēse*), que traduzimos por: "Como quando o sumo de figo fez coalhar e adensar o leite branco".

[67] Bergk, *Poet. Lyr. Graec.*, III, *Adesp*, 99. p. 721.

[68] A expressão τύχαις ὁμοτρόποις (*týkhais homotrópois*), que optamos traduzir por: "com sortes semelhantes", indica que os homens não partilham dos mesmos destinos, que cada um tem o seu quinhão determinado por um deus. Ao mesmo tempo, tal expressão indica que somos vítimas do acaso, não somos senhores de nosso destino, que essa instabilidade humana gera inconstância nas nossas ações e nossos sentimentos. Desse modo, vemos que Plutarco encontra na amizade única e verdadeira um modo de tranquilizar as ansiedades inerentes ao ser humano, que o verdadeiro amigo desponta como uma fonte límpida em meio à aridez dos nossos dias, pois podemos contar com sua ajuda e lealdade, dando segurança e tranquilidade aos que são

bem-sucedidos na construção de um verdadeiro vínculo de amizade.

[69] Convém notar a correlação de tais assertivas plutarquianas com as seguintes reflexões de Aristóteles: "Se estamos mais bem capacitados a contemplar nossos semelhantes do que a nós mesmos, e as ações alheias do que as nossas próprias, de modo que os indivíduos bons encontram prazer nas ações de seus amigos (uma vez que essas ações possuem essas duas qualidades naturalmente prazerosas), se conclui que o indivíduo bem-aventurado necessitará de bons amigos na medida em que opta por contemplar ações dignas e que lhe sejam próprias – e as ações de um bom amigo assim o são". (*Ética a Nicômaco*, 1169b-1171a). Tradução de Edson Bini. In: *op. cit.*

[70] Plutarco grafa ὁμοῦ δὲ παιάνων (*homoû dè paiánōn*), que optamos traduzir por: "e toda de peãs", que faz referência ao peã (παιάν/ *paián*), que tem diversas interpretações. A primeira delas está relacionada ao canto solene em honra ao deus Apolo; aos cantos de

súplicas; aos cantos fúnebres; aos cantos de combate; aos cantos de comemoração de vitória; e ainda aos cantos festivos, todos tendo como característica principal a presença de muitas vozes, em geral, seguindo o metro peônico, composto de uma sílaba longa e três breves (– ᴗ ᴗ ᴗ), modelo de pé a partir do qual encontramos a elaboração de diversas combinações. No caso específico da referida peça, trata-se, por um lado, de cantos fúnebres, pois a cidade de Tebas foi acometida pela maldição de Édipo e teve suas plantações destruídas, a morte de seus rebanhos, a esterilidade de suas mulheres, abortos espontâneos, enfim a morte dominava o território tebano. Por outro lado, os cantos também têm sua função de súplicas, pois o povo tebano suplicava aos deuses pelo fim da maldição, que, por um bom tempo, desconhecia que o seu rei Édipo era o causador de todo o sofrimento que acometia a cidade.

[71] Sófocles, *Édipo rei*, 4. Plutarco cita esse verso sofocliano ainda em seus tratados *Da superstição*, 169D; *Das virtudes morais*, 445D e *Assuntos de banquete*, 623C.

72 Menandro, fragmento de uma peça desconhecida. Kock, *Com. Attic. Frag.* III. p. 213. Esse fragmento também é citado por Plutarco, em seu tratado *Do amor aos irmãos*, 491C.

73 Consultar a nota do parágrafo 93C.

74 Tragediógrafo grego, 480-406 a.c., Eurípides nasceu na ilha de Salamina, região da Ática, no dia da batalha naval travada ali contra os persas. A data mais provável é 29 de setembro. Sobre a batalha na ilha, consultar Heródoto, *Histórias*, VIII. No teatro, Eurípides notabilizou-se pela invenção de um expediente cênico conhecido como *Deus ex machina*, em que o desfecho do drama ocorre de forma inesperada, com a intervenção de uma divindade.

75 Eurípides, *Hipólito*, 253-255.

76 Filósofo e matemático, século VI a.C., Pitágoras nasceu em Samos e depois foi para Crotona, no sul da Magna Grécia, por volta de 513 a.C., onde

fundou a sua escola. Embora não tenha escrito nenhum livro, seus pensamentos filosóficos influenciaram diversos filósofos, como Platão, por exemplo.

[77] Neste tratado, lemos: "μὴ πολλοῖς ἐμβάλλειν δεξιάν," (*mḕ polloîs embállein dexián*), que optamos por traduzir como: "Não dar sua mão direita a muitos", no entanto, em seu tratado *Da educação das crianças*, quando Plutarco registra uma sequência de ditos atribuídos a Pitágoras, o nosso autor grafa: "μὴ παντὶ ἐμβάλλειν δεξιάν" (*mḕ pantì embállein dexián*), ou seja: "Não dar sua mão direita a qualquer um" (12E). Embora o sentido seja praticamente o mesmo, destacamos a diferença entre as duas citações. Para os demais ditos que Plutarco atribui a Pitágoras, consultar: Plutarco. *Da educação das crianças*. Tradução, introdução e notas de Maria Aparecida de Oliveira Silva. São Paulo: Edipro, 2015.

[78] Segundo Diógenes de Laércio, Quílon era filho de Damageto. Quílon de Esparta foi éforo do ano da 55ª Olimpíada. Calcula-se que ele tenha sido em 555 a.C., muito conhecido por sua sabedoria e inte-

grado algumas listas dos sete sábios da Grécia Antiga. O filósofo atribui-lhe ainda 200 versos elegíacos; consultar: Diógenes Laércio. *Vidas e doutrinas dos filósofos ilustres*, III, 68-73. Heródoto, em *Histórias*, I, 59, demonstra sua sabedoria ao narrar um episódio em que Quílon dá conselhos a Hipócrates. Do mesmo modo, Plutarco transforma Quílon em um dos principais debatedores de seu tratado em forma de diálogo *Banquete dos sete sábios*.

[79] Em seu tratado *Como tirar proveito dos seus inimigos*, Plutarco faz referência a esse episódio, com uma pequena variação, mas o sentido se mantém. Aqui, Plutarco grafa: ὃς πρὸς τὸν εἰπόντα μηδένα ἔχειν ἐχθρόν "ἔοικας," ἔφη, "σὺ μηδὲ φίλον ἔχειν." (*hòs pròs tòn eipónta mēdéna ékhein ekhthrón "éoikas," éphē, "sù mēdè phílon ékhein."*), que traduzimos como: "Que, depois que alguém afirmou que não tinha nenhum inimigo, ele disse: 'Parece que tu não tens nenhum amigo'." Enquanto lá: ὃ καὶ Χίλων ὁ σοφὸς νοήσας τὸν εἰπόντα μηδένα ἔχειν ἐχθρὸν ἠρώτησεν εἰ μηδὲ φίλον ἔχει, (*hò kaì Khílōn ho sophòs noḗsas tòn eipónta mēdéna ékhein ekhthròn ērṓtēsen ei mēdè*

phílon ékhei), que optamos por traduzir como: "O que também o sábio Quílon pensou quando alguém disse que não tinha nenhum inimigo e perguntou se ele não tinha nenhum amigo" (86C). Consultar: Plutarco. *Como tirar proveito dos seus inimigos*. Tradução, introdução e notas de Maria Aparecida de Oliveira Silva. São Paulo: Edipro, 2015.

[80] Nascido na cidade de Clazômenas, localizada na região da Ásia Menor, século VII a.C. Sobre a colonização de Timésio, Heródoto conta: "Depois de Hárpago ter tomado a muralha deles com um amontoado de terra em torno dela, todos embarcaram nos navios e partiram navegando para a Trácia e lá colonizaram a cidade de Abdera; o primeiro dentre eles a colonizá-la foi Timésio de Clazômenas, embora não lhe tenha sido útil, ao contrário, foi expulso pelos trácios, hoje honrado pelos teios de Abdera como um herói". (*Histórias*, I, 168). Tradução de Maria Aparecida de Oliveira Silva. In: HERÓDOTO. *Histórias. Livro I – Clio*. São Paulo: Edipro: 2015. Plutarco retoma este episódio com mais vagar em seu tratado *Preceitos políticos*, 812A.

81 Convém notar que esse oráculo não está presente na narrativa herodotiana, trata-se de um registro exclusivo de Plutarco, que pode tê-lo recolhido de algum outro autor por nós desconhecido, ou tê-lo inventado, como uma anedota, para conferir mais consistência ao seu argumento.

82 Consultar a nota do parágrafo 93F.

83 Alexandre, o Grande, 356-323 a.C., rei da Macedônia e da Pérsia. Filho de Filipe II, foi educado por vários sábios, sendo Aristóteles o mais famoso deles. Alexandre é citado em diversas obras da Antiguidade. Para uma leitura mais abrangente dos fatos de sua vida, recomendamos a extensa biografia plutarquiana, intitulada *Vida de Alexandre*.

84 Plutarco cita esse episódio ainda em seu tratado *Como distinguir o bajulador do amigo*: "Alexandre mandou executar Calístenes, Parmênion e Filotas; e ainda entregou-se sem reserva aos Agnões, Bagoas, Agesias e Demétrios que o enganaram, porque dobraram seus joelhos diante dele e o veneraram,

vestiram-se como ele e eles mesmos o moldaram tal como uma estátua de um deus bárbaro" (65D-E).

85 General macedônio, filho de Parmênion, também morto em 330 a.C. por ter sido acusado de traição. Há a suspeita de que pai e filho não conspiraram contra Alexandre, o Grande, ao contrário, eles lhe eram leais. Plutarco nos conta que o rei temia o poder e a influência que ambos tinham sobre o seu exército e os cidadãos da Macedônia. Consultar *Vida de Alexandre*, XLVIII-XLIX.

86 General macedônio, morto em 330 a.C, Parmênion foi vice-comandante de Alexandre. No entanto, pelos muitos conselhos que dava a Alexandre, dos quais o rei discordava com veemência, Parmênion foi acusado de conspiração e por isso foi executado.

87 Trata-se de Dionísio II, que viveu entre 405-367 a.C., tornou-se tirano de Siracusa em 405 a.C., quando da realização da primeira guerra contra Cartago, cidade fundada pelos fenícios no norte da África. Em 398 a.C., deflagrou nova guerra contra Cartago,

vencendo-os durante os quatro anos do conflito. Em 382 a.C., voltou a guerrear contra os cartagineses sem repetir os sucessos anteriores, sendo derrotado em 375 a.C. Novamente, declarou guerra contra Cartago em 368 a.C., morrendo no ano seguinte.

[88] Conhecido como o "libertador de Siracusa", morto em 354 a.C., foi responsável pela derrubada do tirano Dionísio II. Díon foi expulso pelo tirano, indo morar em Atenas, onde frequentou a Academia de Platão, na condição de seu amigo e discípulo. Depois de retornar a Siracusa, em 361 a.C., organizou um golpe para a derrubada do tirano, que terminou com sua morte. Plutarco redigiu uma biografia de Díon, na qual destaca sua amizade com Platão e os acontecimentos em Siracusa, que culminam com seu assassinato.

[89] Lúcio Domício Enobarbo, 37-68 d.C., foi imperador de Roma entre 54-68 d.C. É conhecido pelo grande incêndio que houve em Roma, com versões controversas, a mais famosa é a de que ele incendiou seu próprio palácio, conhecido por *Domus Aurea*, em

64 a.C. Mas o imperador acusou os cristãos e passou a persegui-los.

90 Rubélio Plauto, filho de Julia, neta do Imperador Tibério. Em razão disso, Plauto era um dos candidatos à sucessão ao trono ao lado de Nero, que assumiu o poder em 54 d.C. Em 55 d.C, foi acusado de conspiração contra o imperador. Após ter sido preso, Plauto foi exilado para a Ásia Menor em 60 d.C. e lá assassinado em 62 d.C. Para mais detalhes sobre sua vida, consultar: Tácito. *Anais*, XIX, 57 ss. e DÍON CÁSSIO. *História de Roma*, LXII, 14.

91 Imperador romano, 42-37 d.C., seu nome era Tibério Cláudio Nero, mas depois de o Imperador Augusto ter adotado o nome de César, deixando de ser chamado Otaviano para ser denominado César Augusto em 27 a.C., os imperadores que o sucederam adotaram o costume de incluir César em seus nomes.

92 Lúcio Élio Sejano, filho de um equestre, Lúcio Seío Estrabão. Sejano foi prefeito pretoriano entre

14-31 d.C., tornou-se amigo e confidente do Imperador Tibério, que passou desconfiar do amigo quando este aconselhou-o a trocar Roma por Capri. Então, Sejano planejou uma conspiração contra o imperador, mas foi delatado por Antônia, sendo condenado à morte em 31 d.C.

93 Plutarco faz referência aos seguintes versos de Eurípides: "Cai no chão, vencida pelo infortúnio,/ irreconhecível à vista senão a seu pai [...] Terrível espetáculo. O pavor de tocar a morta/ era de todos, tínhamos a sorte por mestra./ O pai, coitado, por ignorar a conjuntura,/ súbito entra e joga-se sobre a morta/ e já pranteia e envolve-a com os braços [...] Com o tempo, extinguiu-se e o desgraçado/ morreu, não estava mais acima do mal./ Jazem mortos a filha e o velho pai/ perto: conjuntura cúpida de prantos. (*Medeia*, 1195-1221). Tradução de Jaa Torrano. In: EURÍPIDES. *Medeia*. Tradução de Jaa Torrano. São Paulo: Editora Hucitec, 1991. Convém notar que Plutarco demonstra sua maestria na arte retórica, ao dar mais cores ao seu relato inserindo amigos na cena, visto que o tragediógrafo conta

que somente pai e filha morreram neste episódio. Portanto, a intenção de Plutarco, com essa narrativa, é a de reforçar seu argumento, ainda que tenha de fazer uma pequena adaptação ao seu relato do mito.

[94] Eurípides, da tragédia perdida *Pirítoo*. Nauck, *Trag. Graec. Frag.*, 595. Plutarco cita esse fragmento ainda em seus tratados *Diálogo do amor,* 763F, *Do amor aos irmãos*, 482A e em *Da falsa modéstia*, 533A.

[95] Grande peste que assolou a cidade de Atenas no século V a.C., que também vitimou o ilustre político ateniense Péricles.

[96] Historiador e general ateniense, 460-400 a.C., autor da *História da Guerra do Peloponeso*, em que relata o combate entre atenienses, espartanos e seus respectivos aliados, iniciado em 431 a.C. Contudo, Tucídides não completou sua obra. Sua narrativa sobre os acontecimentos é interrompida no inverno de 411-410 a.C.

97 No segundo ano da Guerra do Peloponeso, uma grande peste alastrou-se sobre a cidade de Atenas, conforme Tucídides relata em sua obra *História da Guerra do Peloponeso*, II, 51.

98 Nascido em Mégara, século VI a.C., poeta elegíaco. Trata-se do único poeta elegíaco que teve seus versos preservados em uma antologia com seu nome, porém existem, entre esses poemas, alguns não pertencem a Teógnis.

99 Teógnis, 215-216. Plutarco cita esses versos também em seus tratados *Questões naturais*, 916C e *Se os animais terrestres são mais inteligentes que os marinhos* (ou *Da inteligência dos animais*), 978E.

100 Ou seja, as mudanças do polvo são superficiais, restritas à sua derme.

101 Filho do deus Posídon e da deusa Tétis. Homero. *Odisseia*, IV, 383, apresenta Proteu como um deus do mar que tinha a missão de apascentar focas e

outros animais marinhos de Posídon. Por ser filho de uma divindade marinha, tinha o dom da metamorfose, podia transformar-se no ser que desejasse, até mesmo em um elemento da água e do fogo. Proteu ainda possuía o dom da adivinhação, que servia apenas aos deuses, pois se recusava a anunciar suas profecias aos mortais.

[102] Na Antiguidade, o mito de Proteu apresenta um episódio nada laudatório que o acompanha até a época de Plutarco, que encontra registro nos versos de Virgílio, *Geórgicas*, IV, 387 ss. Trata-se de quando Menelau quis consultar Proteu em busca de uma profecia, e o deus marinho recusou-se a proferi-la, metamorfoseando-se sucessivamente em leão, serpente, pantera, um enorme javali, quando Menelau conseguiu capturá-lo e aprisioná-lo, pedindo-lhe como resgate uma profecia.

[103] Convém notar que Plutarco traça um paralelo de Proteu com os homens, visto que as atividades descritas fazem parte do cotidiano de um homem

educado segundo os preceitos da *Paideia* grega, uma educação que não estava voltada apenas para o aprendizado das letras, mas tinha um significado mais profundo, como notou Werner Jaeger, uma educação voltada para a formação do homem grego.

[104] Nome dado aos filósofos naturalistas, portanto, não existe correlação direta com a nossa concepção moderna.

Bibliografia

Edições e traduções consultadas

PLUTARCH. *On having many friends. Moralia II.* Translated by Frank Cole Babbitt. Cambridge/Massachusetts/London: Harvard University Press, 2005.

PLUTARCO. *Acerca do número excessivo de amigos.* Tradução do grego. Introdução e notas de Paula Barata Dias. Coimbra: Centro de Estudos Clássicos e Humanísticos, 2010.

_____. *Sobre la abundancia de amigos.* Traducción, introducción y notas por Morales Otal y José García López. Madrid: Editorial Gredos, 1992.

PLUTARQUE. *De la pluralité d'amis. Ouvres Morales. Tome I.2.* Texte établi et traduit par Robert Klaerr, Andre Philippn et Jean Sirinelli. Paris: Les Belles Lettres, 1989.

Livros e artigos

JIMÉNEZ, San Cristóbal. Ana I. La noción de amistad en el *Adulatore et Amico* de Plutarco. In: *Cuardernos de Filología Clásica. Estudios Griegos Indoeuropeus*, vol. 11, 2001. p. 255-277.

KONSTAN, David. *Friendship in the classical world*. Cambridge: Cambridge University Press, 1997.

_____. Greek friendship. *The American Journal of Philology*, vol. 117, 1, 1996. p. 71-94.

MÍGUEL, Roberto A. La Influencia de la Tradición Clásica en la Reflexión de Plutarco sobre la Amistad. In: JUFRESA, M.; MESTRE, F.; GÓMEZ, P.; GILABERT, P. (Eds.) *Plutarc a la seva época: Paideia i societat (Actas del VIH Simposio Internacional de la Sociedad Española de Plutarquistas, Barcelona, 6-8 nov. 2003)*. Barcelona: Universitat de Barcelona, 2005. p. 185-190.

MOSCONI, Gianfranco. "Governare in Armonia: Strutura e Significato Ideologico di un Campo Metaforico in Plutarco. In: CASTALDO, D.; RESTANI, D.; TASSI, C. (a Cura). *Il Sapere Musicale e i suoi Contesti da Teofrasto a Claudio Tolemeo*. Ravenna: Longo Editore, 2009. p. 105-128.

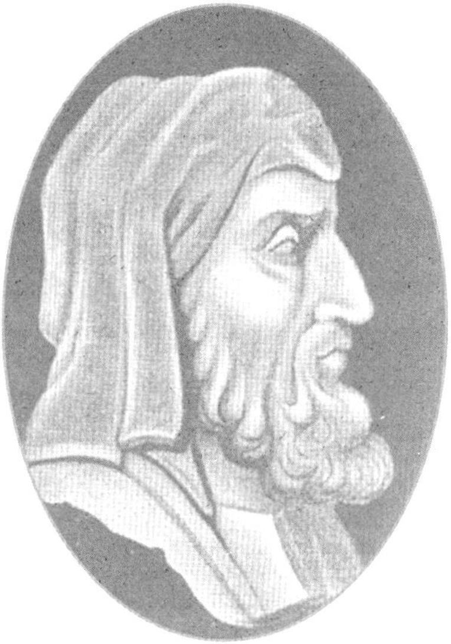